Género Narrativa de no ficción

Pregunta esencial

¿Cómo están conectados todos los seres vivos?

Salvar la bahía de San Francisco

Yvonne Morrin

Capítulo 1
¡Hay que hacer algo! 2

Capítulo 2
Voces de alarma 6

Capítulo 3
La lucha continúa 10

Respuesta a la lectura 15

LECTURA COMPLEMENTARIA **El gran ecosistema del estuario** . . 16

Glosario/Índice 19

STEM Enfoque: Ciencias 20

Capítulo 1

¡Hay que hacer algo!

En diciembre de 1960, Kay Kerr miraba la bahía de Berkeley desde su ventana. El agua se mecía con el viento. Un águila pescadora pasó volando. Una garza buscaba comida cerca de la orilla. Flora y fauna crecían en esta parte de la bahía de San Francisco.

Kerr no se sentía feliz. Su amiga Esther Gulick le preguntó qué le ocurría. Kerr señaló hacia el otro lado de la bahía: unos buldóceres arrojaban tierra, arena y piedras al agua.

En la bahía de San Francisco viven muchas clases de aves.

Los buldóceres rellenaban la bahía para formar más terreno. La bahía de San Francisco es un **estuario**. Un estuario es un lugar donde se mezclan el agua dulce con el agua salada del mar. Allí viven muchas **especies** de peces, aves y mamíferos.

Kay Kerr estaba preocupada por los planes para rellenar más partes de la bahía.

La bahía de San Francisco es uno de los estuarios más grandes del mundo.

Ya habían sido rellenadas muchas áreas de la bahía de San Francisco. A Kay Kerr y Esther Gulick les preocupaba que ya no quedaran zonas poco profundas en la bahía. La bahía podría convertirse en un simple río.

Ellas querían proteger la bahía. Sabían que la destrucción del estuario causaría daño a las plantas y a los animales. Algunas plantas y animales se extinguirían. También sabían que la contaminación era un problema. La basura de los vertederos se derramaba en la bahía.

Desde 1849 se han rellenado muchas áreas de la bahía de San Francisco. Los planes para continuar rellenando la bahía la convertirían en un río hacia 2020.

Kerr, Gulick y su amiga Sylvia McLaughlin buscaron ayuda. Hablaron con grupos conservacionistas. Ellos también estaban preocupados por la bahía, pero se encontraban muy ocupados para ayudar.

Kerr y sus amigas decidieron salvar la bahía por su cuenta.

Flora y fauna en la bahía de San Francisco

La bahía de San Francisco es el hogar de muchos animales. Mariscos, caracoles y cangrejos viven en el fango. Muchos peces nadan en el agua. Estos animales suministran alimento a las aves. También sirven de alimento para otros animales que viven en las aguas profundas de la bahía.

Las aves de aguas poco profundas encuentran su alimento en estas aguas.

AHORA COMPRUEBA

¿Por qué Kay Kerr estaba preocupada por el relleno de la bahía de San Francisco?

Capítulo 2

Voces de alarma

En 1961, Kay Kerr y sus amigas fundaron la Asociación para salvar la bahía de San Francisco (Salvar la bahía). Enviaron cartas donde pedían a las personas que ayudaran a proteger la bahía. La mayoría de la gente no quería que la bahía se rellenara.

Estas mujeres obtuvieron mucho apoyo para su causa. Sin embargo, no sabían cómo detener el relleno de la bahía. La tierra alrededor de la bahía formaba parte de nueve condados. Cada uno decidía cómo usar sus tierras.

Esther Gulick, Sylvia McLaughlin y Kay Kerr fundaron Salvar la bahía.

En 1962, se estableció un plan para rellenar un área extensa de la bahía de Berkeley. Esta bahía forma parte de la bahía de San Francisco. El primer objetivo de las mujeres fue detener ese plan.

¿Por qué rellenar la bahía?

Los **promotores inmobiliarios** y el ayuntamiento de la ciudad querían rellenar la bahía para formar terreno y construir nuevas edificaciones. El proyecto generaría más empleo y más dinero en impuestos.

En la década de 1960 se construyó esta refinería en las orillas de la bahía de San Francisco.

Las tres amigas escribieron más cartas pidiendo ayuda a las personas para proteger la bahía. Repartieron calcomanías para autos con el fin de informar a la gente acerca de lo que ocurría.

Salvar la bahía tenía 2,500 miembros a finales de 1962. Los miembros enviaron muchas cartas al ayuntamiento de la ciudad de Berkeley, en las que pedían detener el plan.

Las mujeres preguntaron a algunos científicos qué ocurriría si se rellenaba la bahía de Berkeley.

Los científicos dijeron que el relleno de la bahía ocasionaría un desequilibrio en el **ecosistema**. Un ecosistema es una comunidad de plantas y animales que viven juntos. Todos ellos se necesitan mutuamente para alimentarse. Si la bahía de Berkeley se rellenaba, las plantas acuáticas y los animales pequeños morirían. Entonces, los animales grandes no tendrían nada que comer.

Las mujeres dieron esta información al ayuntamiento de la ciudad de Berkeley. El ayuntamiento decidió limitar la extensión del relleno en la bahía de Berkeley.

Los peces de aguas superficiales de la bahía sirven de alimento a las nutrias de río.

AHORA COMPRUEBA

¿Cómo evitaron Kay Kerr y sus amigas que se rellenara la bahía?

Capítulo 3

La lucha continúa

El frágil ecosistema de la bahía de Berkeley se salvó. Las mujeres ganaron su primera batalla. Pero sabían que la lucha no había terminado. ¿Cómo salvar el resto de la bahía de San Francisco?

En 1964, Kerr se reunió con un senador del estado, Eugene McAteer. Él organizó un grupo para examinar los planes de relleno de la bahía.

En esta caricatura, el hombre subido al tren es alguien que quiere rellenar la bahía. El hombre que corre representa la nueva ley que quiere salvar la bahía. La mujer es la bahía de San Francisco.

Eugene McAteer ayudó a Salvar la bahía en su lucha por detener los planes de relleno.

El grupo formado por el senador McAteer conversó con los promotores inmobiliarios. Ellos querían rellenar la bahía. El grupo también se reunió con científicos. Ellos habían dicho que **preservar** la bahía era muy importante para proteger el medioambiente.

En este momento Don Sherwood, un locutor de radio, se unió a la causa. Sherwood pidió a la gente que escribiera al gobierno para pedirle que salvara la bahía. El gobierno escuchó a las personas y aprobó una nueva ley. Todos los planes para rellenar la bahía de San Francisco debían ser aprobados primero por el estado.

Pero un nuevo proyecto había sido autorizado antes de la aprobación de la ley en 1965. Los promotores inmobiliarios buscaban desmoronar la cima de una montaña. Esta tierra se arrojaría en la bahía. Eso produciría más terreno para construir viviendas. La nueva área tendría el mismo tamaño de Manhattan, en la Ciudad de Nueva York.

Detective del lenguaje **En la oración subrayada, ¿cuál es complemento directo? ¿Cómo lo sabes?**

Kay Kerr (arriba), Sylvia McLaughlin (izquierda) y Esther Gulick lucharon para proteger la bahía de San Francisco.

¿Enemigas del progreso?

En la década de 1960, mucha gente ignoraba que la actividad humana causa daños al medioambiente, tanto como lo hacen las causas naturales, como las sequías y los terremotos. Los promotores inmobiliarios se enfrentaron a las mujeres que fundaron Salvar la bahía. Las insultaron públicamente, pero eso no impidió que ellas continuaran con su protesta.

Salvar la bahía demandó a los promotores inmobiliarios para intentar detener el proyecto. Fue la primera vez que una batalla de este tipo llegó a una corte. El caso se prolongó durante nueve años. Finalmente, se llegó a un acuerdo para detener el proyecto. Fue un triunfo para Salvar la bahía.

AHORA COMPRUEBA

¿Por qué Salvar la bahía demandó a los promotores inmobiliarios?

Kay Kerr y los miembros de Salvar la bahía fueron algunas de las primeras personas que intentaron proteger el medioambiente. Demostraron que las personas pueden trabajar unidas para lograr cambios.

Salvar la bahía sigue todavía en activo. En la actualidad intenta detener la contaminación provocada por las bolsas de plástico que se arrojan en la bahía. Sus miembros aún quieren proteger la bahía. Después de todo... ¡las personas también forman parte del ecosistema!

Salvar la bahía aún trabaja para limpiar este ecosistema.

Detective del lenguaje

¿Cuál es el significado de los puntos suspensivos en la oración subrayada?

Respuesta a la lectura

Resumir

Usa detalles importantes de *Salvar la bahía de San Francisco* para resumir la selección. Usa el organizador gráfico como ayuda.

Idea principal
Detalle
Detalle
Detalle

Evidencia en el texto

1. ¿Qué características del texto te ayudan a identificar *Salvar la bahía de San Francisco* como narrativa de no ficción? **GÉNERO**

2. ¿Cuál es la idea principal de "¿Por qué rellenar la bahía?" en la página 7? Usa detalles del texto en tu respuesta. **IDEA PRINCIPAL Y DETALLES CLAVE**

3. ¿Qué significa la palabra *apoyo* en la página 6? Busca claves en la oración para entenderla. **CLAVES DE CONTEXTO**

4. Vuelve a leer la página 9. Escribe acerca de cómo el relleno en la bahía causaría daños al ecosistema del estuario. Da detalles del texto en la respuesta. **ESCRIBIR SOBRE LA LECTURA**

Género Texto expositivo

Compara los textos

Lee acerca de la cadena alimentaria y su importancia para un ecosistema.

El gran ecosistema del estuario

El estuario de la bahía de San Francisco es el hogar de muchas plantas y animales. Almejas, mejillones y otros muchos animales marinos viven en el fango. En sus aguas viven peces, aves y mamíferos. En sus orillas viven otras aves y mamíferos. Allí también viven animales en peligro de quedar extintos, como el ave rascón picudo de California.

Todos estos seres vivos dependen unos de otros. Forman parte de una **cadena alimentaria**.

Un rascón picudo de California anida cerca del estuario de la bahía de San Francisco.

Plantas diminutas de agua llamadas fitoplancton crecen en las aguas poco profundas del estuario. Allí también crecen algas. Estas plantas utilizan la energía del Sol para producir alimento. Se llaman productores.

Mejillones, camarones y peces pequeños comen estas plantas. Las nutrias de río comen mejillones, camarones y peces. Cuando los animales comen plantas, la energía de estas pasa a ellos. Cuando los animales comen otros animales, la energía pasa de unos a otros. Los animales que comen plantas u otros animales se llaman consumidores.

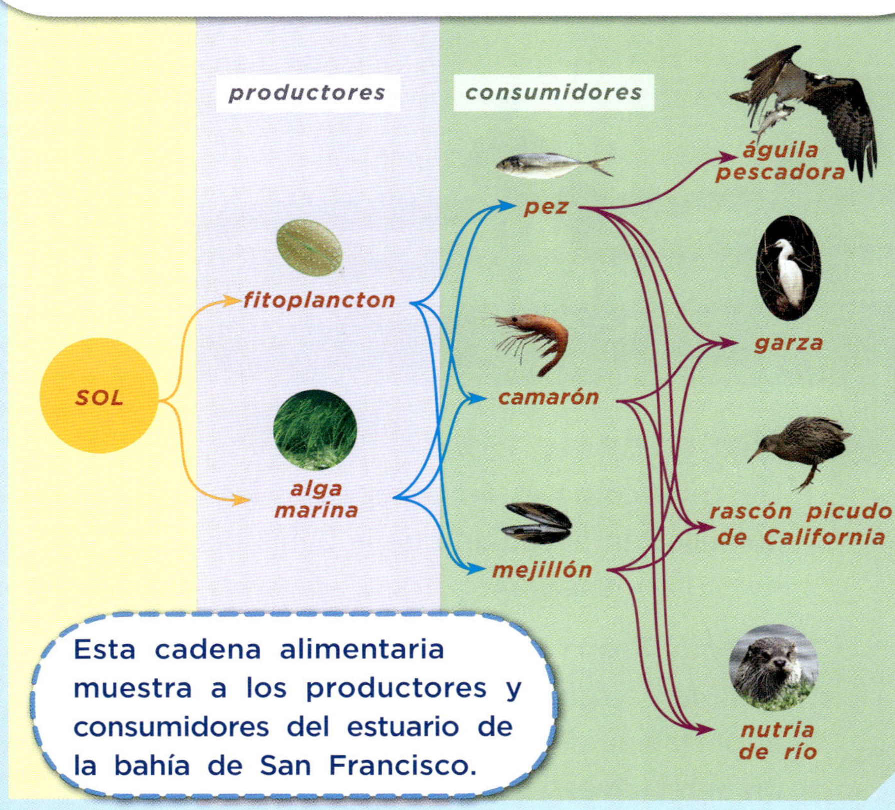

Esta cadena alimentaria muestra a los productores y consumidores del estuario de la bahía de San Francisco.

(bl) Andrew J Martinez/Science Source/Getty Images, (bc) David Ioase/Photodisc/Getty Images, (br) Qualisuie/iStock/Getty Images Plus/Getty Images, (b) Corbis

Algunos animales pasan toda su vida en el estuario. Otros comienzan su vida en el estuario, donde hay mucha comida. Cuando crecen, se van hacia aguas más profundas.

Las personas también forman parte de cadenas alimentarias. Para su alimentación pescan peces y mariscos en la bahía de San Francisco. Si el ecosistema de la bahía sufre daños, entonces habrá menos alimento para las personas al igual que para los animales.

A los niños les encanta pescar cerca de la bahía de San Francisco.

Haz conexiones

Describe cómo están conectados las plantas y los animales en el estuario de la bahía de San Francisco. **PREGUNTA ESENCIAL**

¿En qué forma *Salvar la bahía de San Francisco* y *El gran ecosistema del estuario* muestran la importancia de comprender las conexiones entre los seres vivos? **EL TEXTO Y OTROS TEXTOS**

Glosario

cadena alimentaria sistema en el cual las plantas y los animales están conectados como fuentes de alimento ***(página 16)***

especie grupo de animales o plantas similares ***(página 3)***

estuario área donde un río desemboca en el océano ***(página 3)***

preservar mantener algo a salvo del daño o el peligro ***(página 11)***

promotor inmobiliario persona o empresa que construye y vende casas u otras edificaciones ***(página 7)***

Índice

ayuntamiento de la ciudad de Berkeley, *8, 9*

bahía de Berkeley, *2-4, 7-10*

cadena alimentaria, *16-18*

contaminación, *4, 14*

Gulick, Esther, *2-10, 13*

Kerr, Kay, *2-10, 13, 14*

McLaughlin, Sylvia, *5-10, 13,*

Salvar la bahía, *6, 8, 13, 14*

Enfoque:

Ciencias

Propósito Entender y describir cómo están conectados todos los seres vivos en una cadena alimentaria

Procedimiento

Paso 1 Observa el diagrama de la cadena alimentaria en la página 17.

Paso 2 Piensa en otro ecosistema con diferentes plantas y animales que dependan unos de otros para vivir.

Paso 3 Dibuja un diagrama de la cadena alimentaria que muestre cómo están conectados las plantas y los animales del ecosistema.

Paso 4 ¿Qué ocurriría si una parte de la cadena se alterara o sufriera daño?

Paso 5 Comenta tu diagrama con un compañero o una compañera.

Conclusión ¿Qué aprendiste acerca de cómo los seres vivos dependen unos de otros? Cuando una parte de la cadena se altera o sufre daños, eso afecta a otras partes de la cadena. ¿Qué clase de cosas puede ocasionar cambios en una cadena alimentaria?